RÉBUS

À PROPOS DE CE QUI SE PASSE

ACTES SUD/MUCEM

ISBN : 978-2-330-06919-3

www.actes-sud.fr

Rébus ? La locution "parler rébus", c'est-à-dire parler de manière énigmatique, est sortie d'usage, mais un rébus, c'est bien toujours une énigme à résoudre. Un rébus, cela veut dire quelque chose, mais quoi ? Quelle phrase peut bien se cacher derrière une carte réclame de la collection ?
À vrai dire, l'énigme est d'un genre un peu particulier, car au lieu de parler à mots couverts, cryptés, comme le Sphinx ou l'oracle, voilà qu'elle montre, qu'elle expose des "choses" à la vue : un rébus parle, mais "au moyen de choses" ; *rebus*, ablatif pluriel de *res*, "chose", tout droit sorti du latin. Il paraît que vers 1500 les clercs de notaire picards se défoulaient au moment du carnaval en composant des libelles pleins de dessins énigmatiques "sur les choses qui se passent", *de rebus quae geruntur*…
Or ces choses que l'on donne à voir sont en réalité des choses à entendre. Un rébus ne fonctionne qu'en jouant sur les sons et sur les signifiants, comme dans une charade ; il oblige à réinterpréter les choses et leur nom indépendamment de leur sens normal. Quand Frédéric II invite Voltaire à dîner à son château de Sans-Souci, il dessine deux mains sous un *P* majuscule, puis un *a* minuscule suivi du nombre 100 et surmonté d'une scie. Deux mains sous P à cent sous scie ? Demain, souper à Sans-Souci ? À quoi Voltaire répond par un *G* majuscule et un *a* minuscule : G grand a petit, j'ai grand appétit… Des mots d'esprit, approximatifs, entre gens d'esprit.
Pourquoi y prenons-nous donc à ce point plaisir ? D'abord, je crois, parce qu'ils donnent le droit de jouer avec la langue comme avec

une matière sonore, une pâte que l'on modèle, un corps à inventer. C'est sans doute l'une des premières et des plus enfantines, mais aussi des plus fortes jouissances que l'on puisse éprouver. On réinvente le corps de sa langue en l'écoutant.
Ensuite, parce qu'un rébus fait rêver. Il ouvre tant de possibles, à mettre en rapport et à tenter d'articuler avant d'imaginer clore en projetant de quoi il s'agit. Freud dit très exactement : "Le rêve est un rébus." Car c'est le même mécanisme qui est à l'œuvre : dans un rêve comme dans un rébus, on doit "renoncer à apprécier le tout et les parties comme ils apparaissent", et il faut "remplacer chaque image par une syllabe ou par un mot" comme si c'était deux langues différentes. Il faut déchiffrer comme Champollion les hiéroglyphes, et l'on ne connaîtra les signes et les règles que quand on aura "comparé la traduction et l'original". C'est de traduction qu'il s'agit.
Et quand on interprète et qu'on tombe juste, alors, ajoute Freud, "les mots ne seront plus dépourvus de sens mais pourront former quelque belle et profonde parole". À moins qu'ils ne forment quelque truisme bien de chez nous, comme "tel père tel fils" et "à père avare fils prodigue", somme toute pas moins complexe que le complexe d'Œdipe. De la sagesse des nations à la psychanalyse et retour, *via* le jeu sur la langue et sur la traduction.

Barbara Cassin

Au sein du vaste champ de l'imagerie populaire, incluant toutes sortes d'images produites à peu de frais et destinées à une large diffusion, les cartes réclames ont été l'un des supports les plus opérants de la communication de masse naissante. Apparues dans la seconde moitié du XIXe siècle, elles ont bénéficié d'un contexte propice à leur développement : les avancées techniques dans le domaine de l'impression et l'émergence de la publicité à l'ère de la révolution industrielle.

Leur production s'appuie sur la technique de la chromolithographie, qui s'est progressivement améliorée au cours du XIXe siècle. La mise en couleurs d'une lithographie se fait à l'aide des trois couleurs primaires (cyan, jaune et magenta) et du noir. Chaque couleur nécessite un passage sous la presse afin que l'encre déposée sur la matrice en pierre *(lithos)* où est dessiné le sujet se transfère sur la feuille. En jouant sur la taille des grains du calcaire ou en procédant à des hachures, les couleurs peuvent s'entremêler, et l'on obtient ainsi des nuances variées. La prouesse réside dans le fait qu'il faut autant de pierres différentes que de couleurs (deux pour une bichromie, trois pour une trichromie, etc.), ce qui contraint l'imprimeur à disposer les pierres strictement au même endroit pour éviter le débordement des zones à colorer. De nombreux exemples dans les collections montrent que cet impératif n'est pas toujours respecté, auquel cas les couleurs se chevauchent, formant une impression de flou sur le dessin.

L'existence des cartes réclames est relativement bien circonscrite dans le temps. Les premières apparaissent dans les années 1860 et la production ralentit jusqu'à disparaître après 1914. De petit format – généralement 11 × 15 centimètres –, les cartes réclames accompagnent un bien de consommation et l'acheteur les découvre lors de l'ouverture de l'emballage. Elles suivent un principe de composition établi : l'avers est orné d'un dessin aux couleurs vives, sur lequel ne manquent pas d'apparaître le logo et/ou le nom du fabricant, tandis que le revers est soit laissé vierge, soit porte un texte explicatif de la scène dessinée ou vantant les bienfaits du produit. La France a été le premier fournisseur de cartes réclames, avec un marché détenu par une trentaine d'éditeurs, essentiellement parisiens.

Quant aux sujets, ils sont personnalisés en fonction des commanditaires, qui sont souvent des annonceurs désireux de lancer sur le marché un bien de consommation nouveau ou réservé jusqu'alors à une élite, comme le chocolat (Poulain, Aiguebelle, Guérin-Boutron…) ou les extraits de viande Liebig. Pour inciter à la consommation et favoriser la fidélité des clients, les cartes réclames fonctionnent en séries, pouvant aller de six modèles à plus d'une centaine. Les thématiques abordées sont variées, mais elles sont toujours imaginées dans un esprit ludique et didactique, et sont destinées aussi bien aux adultes qu'aux enfants.

Parmi ces séries, les rébus constituent une forme attractive de promotion publicitaire puisqu'ils impliquent le client dans la résolution d'une énigme composée de signes, de lettres et de dessins. Certains industriels n'hésitent pas à louer leur produit sous forme de rébus. Ainsi, dans une série d'au moins trente-sept vignettes, nous apprenons que le Chocolat du Planteur est "indispensable au voyageur", "toujours bien accueilli par les soldats" ou "reconnu comme le meilleur dans le monde entier". Si l'objectif promotionnel est ici manifeste, d'autres rébus s'appuient davantage sur la mémoire collective et mettent en scène des dictons populaires. Enfin, certains servent de légende à une saynète représentée sur la carte réclame. Si ces rébus ne sont pas toujours aisés à déchiffrer, au rythme des séries, on parvient toutefois à distinguer des automatismes ou des recours au même dessin pour signifier la même syllabe ou le même mot, ce qui en facilite la lecture. Mais si le consommateur ne parvient pas à trouver la solution, il peut compter sur la volonté du producteur de ne pas le frustrer pour ne pas le perdre : la réponse est inscrite quelque part sur la carte, à l'avers ou au revers, plus ou moins lisible… Or ici, nous avons volontairement effacé les solutions qui se trouvaient sur l'avers de la carte réclame, puisque tel est le jeu que nous proposons dans cet ouvrage !

Isabelle Marquette

CHOCOLAT LOMBART
HOMÈRE
POÈME
EN
24 CHANTS
C'EST PAS VRAI
IL
USINE : 75 à 87, Avenue de Choisy. - PARIS

CHOCOLAT LOMBART
N'
RE
r
Ui
à mon oncle
DRE
en
Qui
USINE : 75 à 87, Avenue de Choisy. - PARIS

CHOCOLAT LOMBART
VE
LÉ
ÉVAN GILE
é bien
EXTRAIT de la SABLIÈRE
LE
USINE : 75 à 87, Avenue de Choisy. - PARIS

CHOCOLAT LOMBART
TR
TRO
TÈ
USINE : 75 à 87, Avenue de Choisy. - PARIS

CHOCOLAT LOMBART
KI
LE
N'AM
USINE : 75 à 87, Avenue de Choisy. - PARIS

CHOCOLAT LOMBART
TITE
TITE
TITE
TES
on
USINE : 75 à 87, Avenue de Choisy. - PARIS

CHOCOLAT LOMBART
CORSE
1772
1856
Retiré du Blé
8 26 42 60 84
6 28 40 64 82
SON
USINE : 75 à 87, Avenue de Choisy. - PARIS

CHOCOLAT LOMBART
IL NE DIT PAS LA VERITÉ
JE
QU'1
BON
OUR
SONNES
PR
BADOIT
C
USINE : 75 à 87, Avenue de Choisy. - PARIS

CHOCOLAT LOMBART
IL
T
O
RADNOR
CARDIF
SEVERN
BANGAR
DOLGELL
CARDIGAN
PEMBROKE
CANAL S^T GEORGE
S^T DAVID
USINE : 75 à 87, Avenue de Choisy. - PARIS

CHOCOLAT LOMBART
A
U
SAV
SAV
USINE : 75 à 87, Avenue de Choisy. - PARIS

CHOCOLAT LOMBART
A
POSTE
1ER RES. SUPP
Cadre réservé
au bureau payeur
BI
EN
BI
USINE : 75, Avenue de Choisy. - PARIS

CHOCOLAT LOMBART
D'
É
L'
11 12 1
CORSE
PA
U

CHOCOLAT LOMBART
iL9
RERERE
RERERE
RERERE
RE
ARDENNES
MAINE
NORD
LAON
SOMME
OISE
Œ
PA
USINE : 75 à 87, Avenue de Choisy. - PARIS

CHOCOLAT LOMBART
EUROPE
MONGOLIE
PÉKIN
CHINE
ARABIE
CALCUTTA
ON
L'
BON APPE
USINE : 75 à 87, Avenue de Choisy. - PARIS

CHOCOLAT LOMBART
POL POL
POL POL
POL POL
9 27 43 61 85
7 29 41 65 83
1+
SE
Pour les
PAUVRES
SOIE

CHOCOLAT LOMBART
RÉPUBLIQUE FRANÇAISE
C'EST IMMENSE!!
nou
d'
BERNAY
EVREUX
EURE Fl.
USINE : 75 à 87, Avenue de Choisy. - PARIS

CHOCOLAT LOMBART
ON
D'
p
Bouches du Rhone
É
ON
DU

CHOCOLAT LOMBART
LAIT
E
C'EST PAS VRAI
OM
SE
TE
CATRI

CHOCOLAT LOMBART
CORSE
A
R2
RETIRÉ du BLÉ
RI
IMPORTATION DIRECTE
CEYLAN

CHOCOLAT LOMBART
BIEN
CAEN
CALVADOS
MANCHE
AVRANCHES
DI
USINE : 75 à 87, Avenue de Choisy. - PARIS

CHOCOLAT LOMBART
TOU
Pour solde de
tout compte
Paris 1er Aout 1908
AAA
AA
AA
DRE
USINE : 75 à 87, Avenue de Choisy. - PARIS

CHOCOLAT LOMBART
IL
TE
TOU
BLÉ
BLÉ
BLÉ
MÉ
USINE : 75 à 87, Avenue de Choisy. - PARIS

CHOCOLAT LOMBART
LE
USINE : 75 à 87, Avenue de Choisy. - PARIS

CHOCOLAT LOMBART
MI

Ç'
N'
St Valery
Ault
le Treport
ON
CE
TRONC

Andely
Evreux
VIT
2
CE
Ki
TE

1 ti
BOURG
2
ZO

ce n'est
pas vrai
Aqu
i
qui
ce

qu'
1928
le
20
ti
le
re

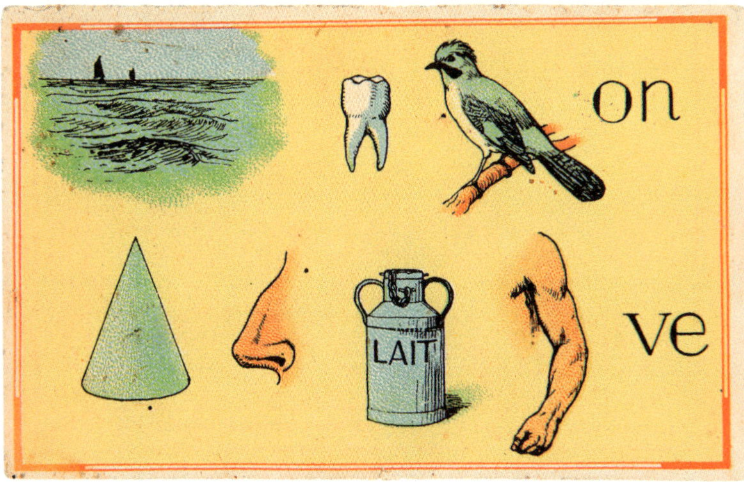
on
LAIT
ve

fo K'
te
S'
te

tre
le
qu'
fait

on
Ja
Vi
S'
5.eme
MOIS
me

Ki
en
c'

T
vi 1
A
qui s'
A
dre

F
ce qu'
AD
POITIERS

LOI
LOI
ve
THE
de t
Je suis
VILAIN

F'hein
ce
le
DU

VA
EAU
j'ai faim
KAL
ce
ze

A
2
mé 5o+5o

il 9
re re re
re re
re re
re re
re
de
no

bi
soldat d'Attila
KI
p'
fite
Ja
5ème mois de L'année

BI
DE
ce
de
NA
RE

ya
le
qui
t'

9. O.
A
F'

A
ce de
on
devi 1

A
BON
d
bı 1

Le Chocolat du Planteur
Turin
Crémone
ADRIATIQUE
FLEUVE D'ITALIE
C.d'i
Si je guéris
de ma maladie
je promets de
donner toute
ma fortune
aux pauvres
signé
Rapin
D
THÉ
versement de
fonds.
total 2250,50

C
tsec
i
Le Chocolat
du Planteur
SCIENCE
HISTOIRE
GÉO
CHIMIE
RIVIÈRE
SE JETANT
DANS LE
RHÔNE
avant Lyon
JURA
RHÔNE

L'
Sous-Préfecture des Deux-Sèvres
pl'
Départt Français
Bourges
Crédit Lyonnais
Mille francs
Poids romain douzième de la livre romaine
is
TAN
12 kil
21 kil
30 kil
Huile sainte
VEC
Le Chocolat du Planteur

Le Chocolat du Planteur
+
Recommandations au public
-0f.50-
Occasion -
avec pieds et remplis jusqu'au bord

je jure de me lever de bonne heure
je jure de travailler
je jure de ne plus boire
je jure de ne plus fumer
je jure de payer mes dettes
Je fais vœu de donner 100.000f aux pauvres de la paroisse si je gagne le gros lot de 500.000f à la Loterie
signé Bidard
VEC
moi
pre
É
DU
Le Chocolat
du Planteur

SON
A
ON DIT QUE TOUS LES chemins mènent à cette capitale
d'
MOI PROPHÈTE D'ISRAËL
Je lègue mon manteau à Elisée. il aura la même puissance que moi.
LES ROMAINS mes compatriotes m'ont surnommé le CENSEUR
RE
Le Chocolat
du Planteur

J'
CONSERVE
ALIMENTAIRE
A
du Chocolat
du
Planteur
COMPIÈGNE

n'
je suis décidé à vendre ma même mon droit d'aînesse
PETIT PORT à l'embouchure du Loch Morbihan
CD
SON
Jr'
ce
de Chocolat
du Planteur

Le Chocolat du Planteur
R.
A
le
LI
ol
GRAND CIRQUE
DÉBUTS DE
CHOCOLAT
CLOWN NÈGRE

5
L'ANE ET CETTE
JEUNE ANGLAISE
se battent
SOUVENT
V.
V.
Le Chocolat du Planteur

Le Chocolat du Planteur
est
Bien
VENEZ VOIR, LE NAIN DICKE
0,10 l'entrée !
Ville d'ITALIE patrie de Volta
1 sti.
MONTAGNES D'AMÉRIQUE SUD
A GRAND'MÈRE

CÔTE D'AZUR
Petit port
Station d'hiver
CHE
vé
du Chocolat du Planteur
PARTI RÉPUBLICAIN
PARTI ROYALISTE
PARTI SOCIALISTE
PARTI BONAPARTISTE
PARTI CONSERVATEUR
DU

Lap
LIEU POUR BATTRE LE BLÉ
BLÉ
FEC
on
no
no
EMPIRE DU MILIEU D'ASIE
R
Le Chocolat du Planteur
je suis né à Ecbatane Mon pays a été pris par Cyrus roi des Perses
NIR
Ex. Ex. Ex.
Ex. Ex.
Ex. Ex.
Ex. Ex.
Ex. Ex.
condi
GRANDE ILE D'ASIE
capitale Colombo
te

L'
KOLA
O
MENTHE
VERTE
MENTHE
BLANCHE
A.V.
Le Chocolat
du Planteur

Chicorée Extra « A LA MÉNAGÈRE » Papier grains de Café
SEMENCE DE BLÉ
O
je suis vieux
LAIT
ZA
O
je ne mange pas.
LAC
tion

Chicorée Extra « A LA MÉNAGÈRE » Papier grains de Café
bon
VOIR
VOIR
A
je les vends tous les deux

Chicorée Extra « A LA MÉNAGÈRE » Papier grains de Café
P
SE
il me tue !!!
consi

Chicorée Extra « A LA MÉNAGÈRE » Papier grains de Café
PROCES
È EN
É REN
RIZ
che
LOI
LOI

Chicorée Extra « A LA MÉNAGÈRE » Papier grains de Café
ÉG
È

Chicorée Extra « A LA MÉNAGÈRE » Papier grains de Café
NOU
RIZ
9 A
loin

L' 8 bo É BON

Thiery
BORDEAUX
L'

je n'ai plus soif
QUI
Chocolat du Planteur

JANVIER
10
QUI
HANTE
TE
QUI
É
Chocolat du Planteur

tre le
Chocolat du Planteur

BESOIN
on A
d'1+
Je suis fabriqué à Lyon
Chocolat du Planteur

A
LE
QUI
TE
Chocolat du Planteur

ZAB
100
ON
TORT
Chocolat du Planteur

Libérateur de la Suisse
TEL
Chocolat du Planteur

J'arrive
Chocolat du Planteur

+ ON
mon Maître est à Charenton.
+ ON
RIZ
Chocolat du Planteur

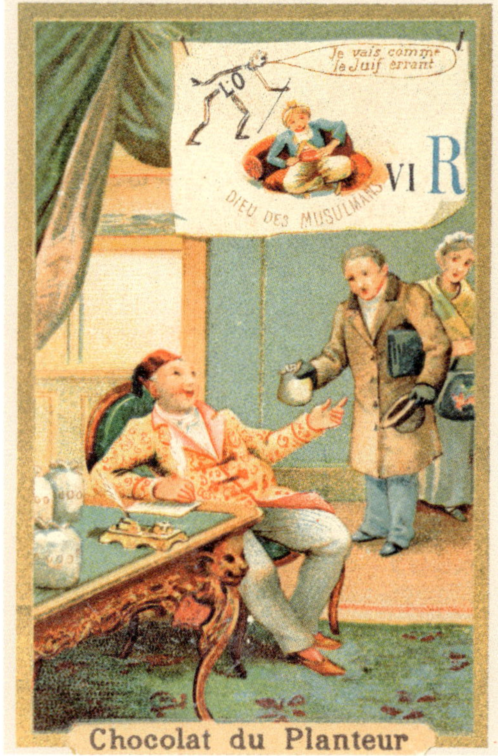
Je vais comme le Juif errant
40
DIEU DES MUSULMANS
VI R
Chocolat du Planteur

Il y avait une fois un petit
et une petite
tous deux
aimaient le
CHOCOLAT SUCHARD
CACAO SUCHARD SOLUBLE
Pendant les vacances
ils voyagèrent en
BERNE
GENÈVE
LES ALPES
et virent la
CHOCOLAT SUCHARD
après l'avoir visitée ils retournèrent à
et rapportèrent
à leurs
beaucoup de
PH. SUCHARD
PH. SUCHARD

Le
est appelé auprès de
qui est malade
le
une ordonnance : une
CACAO SUCHARD
pendant une
LUNDI
MARDI
MERCREDI
JEUDI
VENDREDI
SAMEDI
DIMANCHE
après en
avoir
Bébé guérit
et de joie se
met à

Ce
qui rentre au
est chargé de
contenant du Cacao
que les
envoient à Neuchatel
(Suisse) pour
faire du
PH. SUCHARD

A l'époque de
LOUIS XV LE BIEN-AIMÉ
1715 - 1774
les
de la cour
avaient tous des
remplies
de
Celles que l'on fabrique
chez
CHOCOLAT SUCHARD
CHOCOLAT SUCHARD
aujourd'hui sont bien meilleures.

Ce
Dieses
This
est vieux.
ist alt.
is old.
Ce
Dieses
This
a trois mâts.
hat drei Masten.
has three masts.
Le
Der
This
apporte une
bringt einen
brings a
Le
Die
The
est sain.
ist gesund.
is wholesome.
SUCHARD
10
CHOCOLAT SUCHARD

Le
Der
The
évite l'obstacle
vermeidet das Hindernis
avoids the obstacle
SUCHARD
Mais le
Aber der
But the
le franchit.
überspringt es.
jumps over it.
SUCHARD
Ce
Dieses
This
va passer sous le
fährt durch unter der
is going under the
SUCHARD
CACAO
SUCHARD
SOLUBLE
CACAO
SUCHARD
SOLUBLE
5
CHOCOLAT SUCHARD

Ce
Dieser
This
joue de la
spielt
plays
Le
Der
This
aiguise les
schleift
sharpens
Ce
Dieser
This
a pris un
fängt
catches a
Ce
Dieser
This
copie le
malt
paints
CACAO
SUCHARD
SOLUBLE
SUCHARD
SUCHARD
CHOCOLAT SUCHARD
11

Cet
Dieser
This
reçut un
erhielt einen
obtained a
Son
Sein
His
et sa
und seine
and his
lui donnèrent du
gaben ihm
gave him
CHOCOLAT
NOISETTES
SUCHARD
et un
ŭnd ein
and a
12
CHOCOLAT SUCHARD

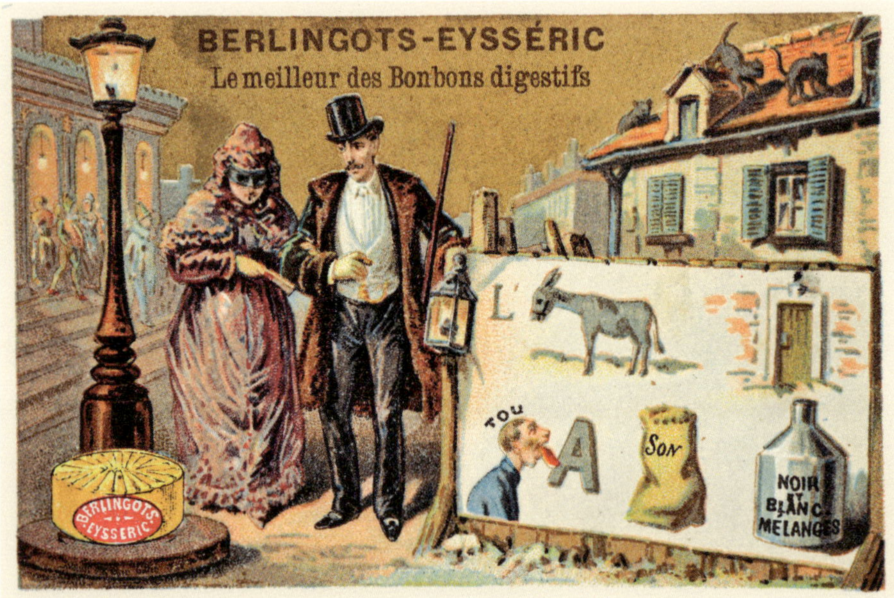
BERLINGOTS-EYSSÉRIC
Le meilleur des Bonbons digestifs
BERLINGOTS
EYSSERIC
L'
TOU
A
SON
NOIR
ET
BLANC
MELANGES

BERLINGOTS-EYSSÉRIC
Le meilleur des
Bonbons digestifs
BERLINGOTS
EYSSERIC
LE
RI
5
Cnt

PERLES DU JAPON
(POTAGE RECHERCHÉ)
Bien
LÉ
n Rien
100
Bien

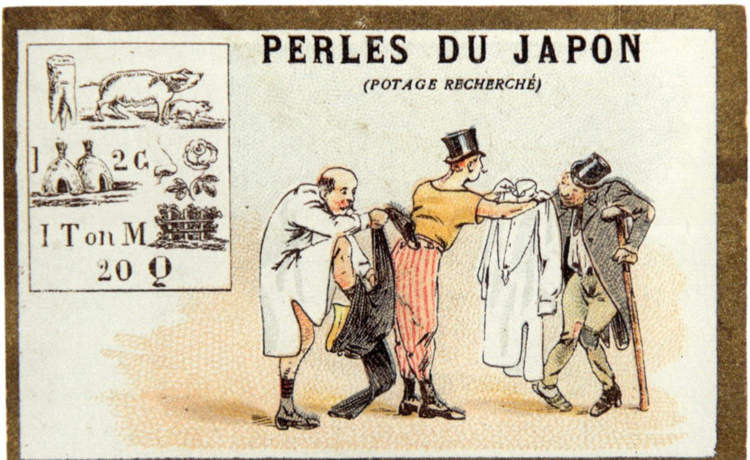
PERLES DU JAPON
(POTAGE RECHERCHÉ)
2 c
1 T on M
20 Q

PERLES DU JAPON
(POTAGE RECHERCHÉ)
on
O
ot
onD S le S 25 Ans

PERLES DU JAPON
(POTAGE RECHERCHÉ)
1 7 S t
M
U sions

PERLES DU JAPON
(POTAGE RECHERCHÉ)
tre
Le
q
ch
O

PERLES DU JAPON

b
rs

C
d'1
L

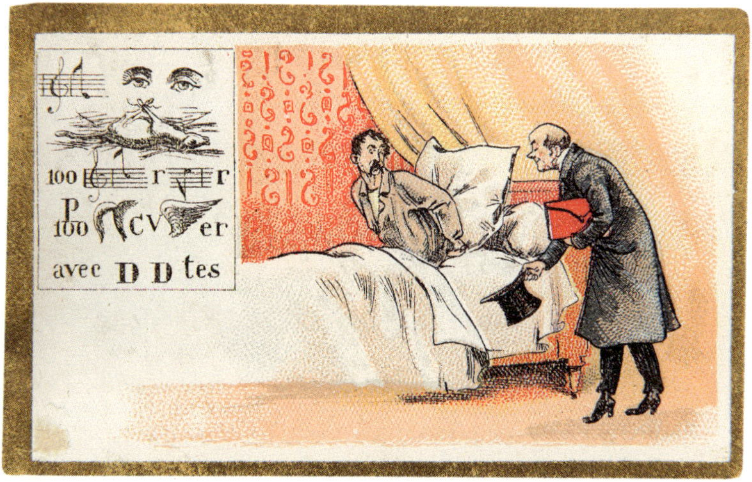
100 r r
P
100 CV er
avec D D tes

P r r V tre
F ch
pre G tes

CHAUSSURES RAOUL
60, Avenue de Clichy
VINS
né en Valachie
je meurs de faim
AL
KAL
100

ON
5 Cent
d'1
plus

ÉPICERIE DU GRAND MARCHÉ
J. MEUNIER, Orléans
HABITANT de la VALACHIE
K
FIN

ÉPICERIE DU GRAND MARCHÉ
J. MEUNIER, Orléans
10.000
LE

ÉPICERIE DU GRAND MARCHÉ
J. MEUNIER, ORLÉANS
LE
T
507

ÉPICERIE DU GRAND MARCHÉ
J. MEUNIER, ORLÉANS
TRE
LE
qu'il
É
507

ÉPICERIE DU GRAND MARCHÉ
J. MEUNIER, ORLÉANS
1
BON pour
JE SUIS mort
L
2
0

ÉPICERIE DU GRAND MARCHÉ
J. MEUNIER, ORLÉANS
L'
ROLE de
gent,

AUX BONS TISSUS
FUGERAY-LUCAS
24, rue du Tabour, ORLÉANS
CHARADE

A LA PLACE DU HAVRE
CHARADE
12 et 14, Place du Havre, 12 et 14

CHOCOLAT POULAIN
GOUTEZ ET COMPAREZ ! QUALITÉ SANS RIVALE
JE
MON
lundi
Jeudi
OÙ
t'il?

CHOCOLAT POULAIN
GOUTEZ ET COMPAREZ !
QUALITÉ SANS RIVALE
ON
MA
È
où
T'

Solutions

P. 8 - Où il y a de la gêne, il n'y a pas de plaisir.
P. 9 - Il n'est pire sourd que celui qui ne veut pas entendre.
P. 10 [gauche] - Les injures s'écrivent sur l'airain et les bienfaits sur le sable.
P. 10 [droite] - Trop parler nuit, trop gratter cuit.
P. 11 [gauche] - Pierre qui roule n'amasse pas mousse.
P. 11 [droite] - Dans les petites boîtes les bons onguents.
P. 12 [gauche] - Il n'est si petit buisson qui ne porte son ombre.
P. 12 [droite] - Un mauvais arrangement vaut mieux qu'un bon procès.
P. 13 [gauche] - Chassez le naturel, il revient au galop.
P. 13 [droite] - Morceau avalé n'a plus de saveur.
P. 14 [gauche] - Abondance de biens ne nuit pas.
P. 14 [droite] - Des goûts et des couleurs, il ne faut pas discuter.
P. 15 [gauche] - Il ne faut pas dire : "Fontaine je ne boirai pas de ton eau."
P. 15 [droite] - L'occasion fait le larron.
P. 16 - Il n'est si poltron sur la Terre qui ne puisse trouver un plus poltron que soi.
P. 17 - Ni l'or ni la grandeur ne nous rendent heureux.
P. 18 [gauche] - On ne doit pas parler de corde dans la maison du pendu.
P. 18 [droite] - Les blessures de la calomnie se ferment, la cicatrice reste.
P. 19 [gauche] - Il ne faut pas abuser de son autorité.
P. 19 [droite] - Bien servir fait amis et vrai dire ennemis.
P. 20 [gauche] - Tout vient à point à qui sait attendre.
P. 20 [droite] - Il faut qu'une porte soit ouverte ou fermée.
P. 21 [gauche] - Aide-toi, le ciel t'aidera.
P. 21 [droite] - Bonne renommée vaut mieux que ceinture dorée.
P. 22 - La façon de donner vaut mieux que ce qu'on donne.
P. 23 - Tout flatteur vit aux dépens de celui qui l'écoute.
P. 24 [haut] - Un tiens vaut mieux que deux tu l'auras.
P. 24 [bas] - Il n'y a que la vérité qui offense.
P. 25 [haut] - Quand le vin est tiré, il faut le boire.
P. 25 [bas] - Au danger, on connaît les braves.
P. 26 [haut] - Il faut qu'une porte soit ouverte ou fermée.
P. 26 [bas] - Il faut battre le fer pendant qu'il est chaud.

P. 27 [haut] - On n'est jamais mieux servi que par soi-même.
P. 27 [bas] - Bonne renommée vaut mieux que ceinture dorée.
P. 28 [haut] - Qui trop embrasse mal étreint.
P. 28 [bas] - Tout vient à point à qui sait attendre.
P. 29 [haut] - Fais ce que dois, advienne que pourra.
P. 29 [bas] - L'oisiveté est la mère de tous les vices.
P. 30 - La faim chasse le loup du bois.
P. 31 - Tant va la cruche à l'eau qu'à la fin elle se brise.
P. 32 [haut] - Il n'y a point de fumée sans feu.
P. 32 [bas] - Il ne faut pas dire : "Fontaine je ne boirai pas de ton eau."
P. 33 [haut] - Bien mal acquis ne profite jamais.
P. 33 [bas] - L'habitude est ma seconde nature.
P. 34 [haut] - Il n'y a que le premier pas qui coûte.
P. 34 [bas] - Il ne faut pas courir deux lièvres à la fois.
P. 35 [haut] - À force de forger on devient forgeron.
P. 35 [bas] - Abondance de biens ne nuit pas.
P. 36 - Le chocolat du Planteur possède un velouté délicieux ; il fond dans la bouche.
P. 37 - C'est à toutes ses qualités que le chocolat du Planteur doit sa vente incomparable.
P. 38 [gauche] - L'entremets le plus recherché consiste en une crème faite avec le chocolat du Planteur.
P. 38 [droite] - Le chocolat du Planteur est le plus répandu par l'univers entier.
P. 39 [gauche] - Sincèrement, il faut convenir avec moi que le chocolat du Planteur est le premier du monde.
P. 39 [droite] - À son arôme délicat, on reconnaît le chocolat du Planteur.
P. 40 - Aussitôt que j'aperçois du chocolat du Planteur, j'en achète.
P. 41 - Esaü lui-même n'aurait cédé son droit d'aînesse que contre une tasse de chocolat du Planteur.
P. 42 [gauche] - Le chocolat du Planteur, certainement, sert à faire le meilleur chocolat au lait.
P. 42 [droite] - Aux colonies, l'anémie se combat avec succès par le chocolat du Planteur.
P. 43 [gauche] - Le chocolat du Planteur est fort bien indiqué comme un stimulant de grand mérite.

P. 43 [droite] - Franchement, on doit trouver du chocolat du Planteur dans les cinq parties du monde.
P. 44 - La perfection de nos machines nous permet de fournir le chocolat du Planteur dans des conditions excellentes.
P. 45 - Le chocolat au lait se fait très rapidement avec le chocolat du Planteur.
P. 46 [haut] - Aux vieux les avis, aux jeunes l'action.
P. 46 [bas] - Il est bon de voir avant de sauter.
P. 47 [haut] - Paye, tu seras considéré.
P. 47 [bas] - Sot et entêté rendront riche homme de loi.
P. 48 [haut] - Fardeau est léger sur épaule d'autrui.
P. 48 [bas] - Cheval mal nourri ne va pas loin.
P. 49 [haut] - La nuit tout bonnet est bon.
P. 49 [bas] - Qui casse des verres les paie.
P. 50 [gauche] - Qui a bu boira.
P. 50 [droite] - Dis-moi qui tu hantes, je te dirai qui tu es.
P. 51 [gauche] - Il faut battre le fer quand il est chaud.
P. 51 [droite] - On a souvent besoin d'un plus petit que soi.
P. 52 - Il n'y a que le premier pas qui coûte.
P. 53 - Les absents ont souvent tort.
P. 54 [gauche] - Tel maître, tel valet.
P. 54 [droite] - L'appétit vient en mangeant.
P. 55 [gauche] - Plus on est de fous, plus on rit.
P. 55 [droite] - L'eau va toujours à la rivière.
P. 56 [haut] - Il y avait une fois un petit garçon et une petite fille ; tous deux aimaient le chocolat Suchard. Pendant les vacances, ils voyagèrent en Suisse et virent la fabrique Suchard ; après l'avoir visitée, ils retournèrent à l'école et rapportèrent à leurs camarades beaucoup de chocolat Suchard.
P. 56 [bas] - Le médecin est appelé auprès de l'enfant qui est malade ; le médecin écrit une ordonnance : une tasse de cacao Suchard pendant une semaine ; après en avoir bu, bébé guérit et, de joie, se met à sauter.
P. 57 [haut] - Ce bateau qui rentre au port est chargé de paquets contenant du cacao que les Mexicains envoient à Neuchâtel (Suisse) pour faire du chocolat Suchard.
P. 57 [bas] - À l'époque de Louis XV, tous les hommes de la Cour avaient des boîtes remplies de pièces. Celles que l'on fabrique chez Suchard aujourd'hui sont bien meilleures.

P. 58 [haut] - Ce château est vieux. Ce bateau a trois mâts. Le facteur apporte une lettre. Le chocolat Suchard est sain.
P. 58 [bas] - Le cycliste évite l'obstacle. Mais le cavalier le franchit. Ce bateau va passer sous le pont.
P. 59 [haut] - Ce musicien joue de la guitare. Le barbier aiguise les outils. Le chasseur chasse le canard. Ce peintre copie le chocolat Suchard.
P. 59 [bas] - Cet enfant reçut un prix. Son père et sa mère lui donnèrent du chocolat Suchard et un cheval à bascule.
P. 60 - La nuit, tous les chats sont gris.
P. 61 - Quand le chat n'y est pas, les souris dansent.
P. 62 [haut] - Bien parler n'est rien sans faire bien.
P. 62 [bas] - Dans les luttes de générosité, on aime être vaincu.
P. 63 [haut] - On élève des autels aux charlatans, on délaisse le sage.
P. 63 [bas] - Un faux esprit aime les illusions.
P. 64 - Il faut battre le fer tant qu'il est chaud.
P. 65 - À faux amour qui peut donner la préférence.
P. 66 [haut] - L'amour m'a ravi tous mes beaux jours.
P. 66 [bas] - L'argent est mal placé aux mains d'un voleur.
P. 67 [haut] - Mieux vaut s'endormir sans souper que s'éveiller avec des dettes.
P. 67 [bas] - Pour conserver votre fraîcheur, prenez les gouttes des fleurs.
P. 68 - Tant va la cruche à l'eau qu'à la fin elle s'emplit.
P. 69 - On a souvent besoin d'un plus petit que soi.
P. 70 [gauche] - Tant va la cruche à l'eau qu'à la fin elle se casse.
P. 70 [droite] - La fortune ne porte pas le bonheur.
P. 71 [gauche] - Aide-toi, le ciel t'aidera.
P. 71 [droite] - Il faut battre le fer pendant qu'il est chaud.
P. 72 [gauche] - Un bon tiens vaut mieux que deux tu l'auras.
P. 72 [droite] - La parole est d'argent, le silence est d'or.
P. 73 [gauche] - Charlatan.
P. 73 [droite] - Déjeuner.
P. 74 - Je cours après mon chien depuis deux jours, où est-il ?
P. 75 - On m'a volé mon portefeuille, où est-il ?

La collection de cartes réclames du Mucem est l'une des plus riches au monde de ce type. Forte de plus de 48800 pièces, elle offre un panorama presque exhaustif sur cette production. Les premières acquisitions datent de 1942 et témoignent de l'intérêt précoce des conservateurs pour ces objets. Néanmoins, la majeure partie des cartes réclames (environ 40000 pièces) est issue d'une unique collection privée, cédée au Mucem en 1995 et 1996. Il s'agit ainsi d'une collection cohérente, avec très peu de doublons, constituée par un passionné. Les rébus ne représentent qu'une infime proportion de la production, à peine 1 %.

Les textes de cet ouvrage ont été rédigés par Barbara Cassin, philologue et philosophe, directrice de recherches au CNRS, et Isabelle Marquette, conservatrice du patrimoine au Mucem, responsable du pôle Mobilité, métissage et communication.
Les photographies ont été réalisées par le Mucem.
Ce livre a bénéficié de la collaboration précieuse de la direction scientifique et des collections du Mucem et du département des collections et des ressources documentaires, tout particulièrement Marie-Charlotte Calafat, Émilie Girard, Zeev Gourarier, Nancie Herbin, Jean-Fabien Philippy.

Direction éditoriale
Aude Gros de Beler

Conception graphique
Christel Fontes

Fabrication
Laurence Gibert

Photogravure
Labogravure

Cet ouvrage a été achevé d'imprimer en septembre 2016
sur les presses de Graphius (Gand),
pour le compte des éditions Actes Sud, Le Méjan,
place Nina-Berberova, 13200, Arles
Dépôt légal : octobre 2016